Marisa A. Aloia
Ascanio Trojani

SENTENZE
in materia di Perizia Grafica
dal 2000 al 2011

ISBN 978-1-4709-0787-7

INDICE

4

Parte Generale

Richiesta/necessità della CTU o della Perizia

Cass. Lavoro, 6001/2004
Qualora una parte produca documenti a sostegno della domanda, richiedendo su di questi prova testimoniale e/o consulenza tecnica, spetta al giudice del merito esaminare i documenti, valutandoli ai fini della prova, eventualmente integrandoli con l'istruttoria testimoniale ed avvalendosi - **qualora lo ritenga opportuno** - dell'ausilio di un consulente tecnico.
La decisione di avvalersi della consulenza tecnica è quindi esclusiva del Giudice.

Cass. Penale, II Sez. , 3031/2010
L'accertamento peritale, che può rendere ammissibile la richiesta di revisione di un processo, deve porsi, laddove abbia comportato il **ricorso a nuove tecniche e a nuove conoscenze**, come il risultato di protocolli di indagine che siano generalmente riconosciuti dalla comunità scientifica.
Si veda anche la successiva **Cass. I Sez. Penale, 15139/2011**

Cass. Penale, VI Sez. , 32380/2008
La perizia, per il suo carattere neutro sottratto alla disponibilità delle parti e rimesso alla discrezionalità del giudice, non si può far rientrare nel concetto di prova decisiva: ne consegue che il provvedimento di diniego da parte del Giudice di procedere ad accertamento tecnico non è questionabile ai sensi dell'art. 606 comma I, lettera d CPP, in quanto **giudizio di fat-**

to, che **se sorretto da adeguata motivazione** è insindacabile in sede di Cassazione.

Cass. Penale, VI Sez. , 5027/2008

L'espletamento di una perizia non è incompatibile con il giudizio abbreviato, ancorché direttissimo, ma è necessario che si ci ritrovi in una situazione di impossibilità decisoria che può essere superata solo con il ricorso da parte del Giudice ai poteri integrativi della prova.

Cass. Penale, III Sez. , 13462/2007

L'obbligo del Giudice di disporre perizia sussiste non già tutte le volte che - astrattamente e teoricamente - sia possibile un'indagine di natura tecnica, **ma soltanto quando vi sia necessità dell'accertamento riguardante particolari cognizioni scientifiche o tecniche.**

Cass. Lavoro, 9461/2010

Nel procedimento civile, la consulenza tecnica d'ufficio non costituisce mezzo di prova, ma è finalizzata all'acquisizione da parte del Giudice, di un parere tecnico necessario, o quanto meno utile, per valutare elementi probatori già acquisiti o per risolvere questioni che comportino specifiche conoscenze. La nomina del consulente rientra quindi nel potere discrezionale del Giudice, che può avvalersene anche in assenza di richiesta delle parti, così che qualora una parte ne faccia richiesta, non si tratterà di un'istanza istruttoria in senso tecnico ma solamente di un mero sollecito affinché il Magistrato, avvalendosi dei suoi poteri discrezionali, provveda in merito. Inoltre, tale richiesta non può considerarsi tardiva, anche se formulata dalla parte tardivamente costituitasi in giudizio.

Cass. Penale, VI Sez. , 5295/2011 - II Sez. 12757/2011
La perizia è sempre "prova neutra", che non è né a carico né a discarico dell'imputato, è sottratta alla disponibilità delle parti ed è rimessa al potere discrezionale del Giudice, che al più dovrà fornire una logica motivazione all'eventuale diniego; in particolare l'eventuale, motivato, diniego da parte del Giudice ad ammettere perizia nel dibattimento non costituisce motivo di ricorso per Cassazione.

Nella lettera, della 5295/2011 : *"La mancata assunzione di prova decisiva, quale motivo di ricorso per cassazione, può essere dedotta solo in relazione a mezzi di prova di cui sia stata legittimamente chiesta l'ammissione a norma dell'art. 495 c.p.p., comma 2, il quale stabilisce il diritto dell'imputato all'ammissione delle prove indicate a discarico sui fatti costituenti oggetto delle prove a carico. Va però subito chiarito che il diritto alla controprova non può avere per oggetto l'espletamento di una perizia, essendo essa per antonomasia mezzo di prova neutro, non classificabile né a carico né a discarico, oltre che sottratto alla disponibilità delle parti, e rimesso, invece, al potere discrezionale del giudice. Pertanto la perizia non può ricondursi al concetto di "prova decisiva", la cui mancata assunzione possa costituire motivo di ricorso per cassazione ai sensi dell'art. 606 c.p.p., lett. d)."*

La perizia non è né *prova* né *verità rivelata* e *incontestabile* ma **mero strumento gnoseologico a disposizione della formazione del libero convincimento del Giudice.**

Cass. Penale, I Sez. , 15139/2011
Novità della prova scientifica
La prima sezione della Corte di Cassazione deliberando sull'**ammissibilità della revisione di un processo di fronte alla applicazione di un "nuovo metodo scientifico" scoperto o applicato successivamente alla definizione del processo stesso,**

ha anche indicato un metodo di valutazione delle nuove prove da parte del Giudice.

Secondo i Giudici, la revisione del processo, dopo condanna passata in giudicato, **è in generale ammessa** se - successivamente - sia stato scoperto o definito un "nuovo metodo scientifico" per la valutazione delle prove. In tal proposito, nella motivazione della Sentenza, la prima sezione critica la giurisprudenza pregressa, che considerava la nuova perizia quale «mero apprezzamento critico di elementi già esaminati e valutati in giudizio» anche se condotta con metodi nuovi, giacché **la scienza è contraddistinta dalla incompletezza e dalla provvisorietà delle acquisizioni conoscitive raggiunte.** *"Ciò comporta, quindi, che anche il giudizio di revisione debba confrontarsi con la nuova prova scientifica, per tale dovendosi intendere il mezzo ad efficacia dimostrativa che utilizza il mezzo scientifico per accertare il fatto ignoto, ed è preordinato a procurare, nell'ambito di un procedimento che coinvolge le parti in un serrato contraddittorio tecnico, un sapere al giudice in relazione ad un'evenienza di cui non gli è più possibile la diretta percezione. [...] la novità della prova scientifica può essere correlata all'oggetto stesso dell'accertamento oppure al metodo scoperto o sperimentato, successivamente a quello applicato nel processo ormai definito, di per sé idoneo a produrre nuovi elementi fattuali. In questo secondo caso al giudice spetta stabilire se il nuovo metodo applicato alle emergenze processuali già acquisite sia in concreto produttivo di effetti diversi rispetto a quelli già ottenuti e se i risultati così conseguiti, o da soli o insieme con le prove già valutate, possano far sorgere il ragionevole dubbio della non colpevolezza della persona di cui è stata affermata la penale responsabilità con una sentenza passata in giudicato".*

Il Collegio ha dettato le attività a carico del Giudice chiamato a decidere su una revisione a seguito della applicazione di una nuova prova scientifica :

« *a) l'apprezzamento della novità del metodo introdotto;*

b) la valutazione della sua scientificità;

c) l'applicazione del nuovo metodo scientifico alle risultanze probatorie già vagliate, alla stregua delle pregresse conoscenze, nel processo già celebrato;

d) il giudizio di concreta novità dei risultati ottenuti grazie al nuovo metodo:

e) la loro valutazione nel contesto delle prove già raccolte nel precedente giudizio allo scopo di stabilire se essi sono idonei a determinare una decisione diversa rispetto a quella di condanna già intervenuta. »

Si osserva,infine, come tale sentenza si avvicini alla giurisprudenza statunitense corrente, che attribuisce al Giudice il ruolo di *gatekeeper* nell'ammissione e nella valutazione della prova scientifica, quando questa presenti metodi nuovi anche se ancora del tutto assorbiti nella comunità scientifica.

Consulenza di Parte : libertà di redazione, accessibilità ai documenti, valutazione

Cass. 3780/1980

Le consulenze di parte costituiscono semplici allegazioni difensive per le quali il Giudice del merito non è tenuto a dimostrare il proprio dissenso rispetto alle osservazioni portate, quando ponga a base del proprio convincimento considerazioni incompatibili con le stesse.

Cass. 241/1978

A complemento della precedente 3780/1980, **il Giudice può ricavare elementi di giudizio anche dalla consulenza tecnica di** parte, qualora ritenga attendibili le osservazioni da questa **portate** sulla base di nozioni tecniche.

Cass. III Sez. , 2063/2010
La consulenza di parte, ancorché confermata sotto il vincolo del giuramento, costituisce semplice allegazione difensiva di carattere tecnico, priva di autonomo valore probatorio, sicché il Giudice di merito, ove di avviso contrario, non è tenuto ad analizzarne e a confutarne il contenuto nelle motivazioni, quando ponga a base del proprio convincimento considerazioni con questa incompatibili ed eventualmente conformi al parere del proprio consulente (di Ufficio).

Cass. III Sez. , 9551/2009
In merito alla perizia giurata, poiché non è previsto dall'ordinamento la precostituzione fuori del giudizio di un siffatto mezzo di prova, a questa **si può solo riconoscere valore di indizio al pari di ogni documento proveniente da un terzo**, il **cui apprezzamento è affidato alla valutazione discrezionale del Giudice di merito, ma della quale non è obbligato in nessun caso a tenere conto.**

Cass. Penale, IV Sez. , 45126/2008
In merito alla valutazione della prova, la scelta operata dal Giudice, tra le diverse tesi prospettate dal perito e dai consulenti delle parti, di quella che ritiene maggiormente condivisibile, costituisce giudizio di fatto, incensurabile in sede di legittimità, purché la motivazione dia conto in maniera accurata ed approfondita delle ragioni di tale scelta, del contenuto dell'opinione disattesa e delle deduzioni contrarie delle parti.

Cass. Lavoro, 4657/2011

In sede di giudizio di appello, qualora venga disposta una nuova C.T.U. , l'accoglimento (eventuale) da parte del Giudice del parere del secondo consulente d'Ufficio non necessita di una confutazione particolareggiata delle diverse risultanze e valutazioni della prima consulenza, **essendo necessario soltanto che non si limiti ad una acritica adesione al parere del secondo ausiliario, ma valuti le eventuali censure di parte, indicando le ragioni per cui ritiene di dover disattendere le conclusioni della prima C.T.U.**

MODIFICHE AL CODICE DI PROCEDURA CIVILE
INTRODOTTE CON LA LEGGE 69/2009

Alcune annotazioni sugli orientamenti recenti nella interpretazione e nella applicazione delle altre norme.

Ricordiamo l'art. 201 del Codice di Proc. Civile (Consulente Tecnico di Parte) : *Il giudice istruttore, con l'ordinanza di nomina del consulente, assegna alle parti un termine entro il quale possono nominare, con dichiarazione ricevuta dal cancelliere, un loro consulente tecnico. Il consulente della parte, oltre ad assistere a norma dell'articolo 194 alle operazioni del consulente del giudice, partecipa all'udienza e alla camera di consiglio ogni volta che vi interviene il consulente del giudice, per chiarire e svolgere, con l'autorizzazione del presidente, le sue osservazioni sui risultati delle indagini tecniche.*

La nomina del CTP deve essere, tassativamente, presentata in Cancelleria entro il termine stabilito dal Giudice (di solito, l'inizio delle operazioni peritali), e non al CTU in sede di apertura delle operazioni peritali, a pena di nullità della nomina stessa.

La consegna (o la semplice comunicazione a verbale) della nomina del CTP costituirebbe una delega delle attività processuali dal Giudice al CTU, palesemente inammissibile. Il citato art. 201 c.p.c. recita che la nomina di consulenti tecnici di parte deve essere effettuata con dichiarazione ricevuta dal Cancelliere senza la possibilità di delegare al CTU la ricezione della dichiarazione di nomina del C.T.P. Tale attività è demandata chiaramente ed inequivocabilmente alla cancelleria.

Le disposizioni dell'art. 201 c.p.c. si integrano con quelle dell'art. 91 delle Disposizioni di Attuazione, (Comunicazione a Consulenti di Parte): *Nella dichiarazione di cui all'articolo 201 primo comma del Codice deve essere indicato il domicilio o il recapito del consulente della parte.*

Il cancelliere deve dare comunicazione al consulente tecnico di parte, regolarmente nominato, delle indagini predisposte dal consulente d'ufficio, perché vi possa assistere a norma degli articoli 194 e 201 del Codice.

La nomina del C.T.P. avvenuta nel corso delle operazioni peritali, in assenza cioè della preventiva dichiarazione in Cancelleria, è quindi inammissibile, ed è nulla.

Il C.T.U. deve richiedere alle parti, all'atto dell'apertura delle operazioni, la conferma (da verbalizzare) dell'avvenuta nomina secondo rituale; mancando questa conferma, il C.T.P. nominato irritualmente non può essere ammesso alle operazioni (cui è sempre e comunque ammessa la parte ed i suoi procuratori).

Dubbi e diversità interpretative si presentano ancora nel caso si abbia la necessità di sostituire il C.T.P. al momento dell'apertura delle operazioni, ovvero nel corso di queste, qualora ci si trovi nella impossibilità materiale di depositare preventivamente la nuova nomina in Cancelleria (chiusa), ovvero di richiedere la autorizzazione alla sostituzione al Giudice.

INCARICO E QUESITO - TERMINI DI DEPOSITO
COLLABORATORI ESTERNI

Cass. Penale, IV Sez. , 21505/2009
Nei confronti del consulente tecnico del P.M. nominato ex art. 233 CPP. E quindi fuori dai casi di perizia, non sussistono le cause di incompatibilità richiamate dal comma terzo dell'art. 225 CPP, previste esclusivamente per il perito di ufficio per evidenti ragioni di imparzialità.

Cass. III Sez. , 16471/2009
Nella consulenza tecnica d'ufficio, il consulente può avvalersi dell'opera di esperti specialisti al fine di acquisire mediante gli opportuni e necessari sussidi tecnici tutti gli elementi di giudizio, senza che sia necessaria una preventiva autorizzazione del Giudice, né una nomina formale, purché il C.T.U. assuma la responsabilità morale e scientifica dell'accertamento svolto e delle conclusioni espresse dal collaboratore, fatta salva una valutazione svolta successivamente dal Giudice in merito alla necessità del ricorso a detti esperti «esterni».

Cass. III Sez. , 7243/2006
In tema di consulenza tecnica d'ufficio, il C.T.U. può avvalersi dell'opera di specialisti, al fine di acquisire, mediante gli opportuni e necessari sussidi tecnici, tutti gli elementi di giudizio, senza che sia necessaria una preventiva autorizzazione del Giudice, né una nomina formale, purché il C.T.U. assuma la responsabilità morale e scientifica dell'accertamento e delle conclusioni raggiunte dai collaboratori.

In merito alle precedenti 7243/2006 e 16471/2009, si osserva che la possibilità di avvalersi di esperti senza una preventiva autorizzazione, non comporta automaticamente che le eventuali spese sostenute siano poi rimborsabili.

L. 69/2009, modifica al secondo comma dell'**art. 52** (Aumento e Riduzione degli Onorari), **del Testo Unico Spese di Giustizia :** *Se la prestazione non è completata nel termine originariamente stabilito o entro quello prorogato per fatti sopravvenuti e non imputabili all'ausiliario del magistrato, per gli onorari a tempo non si tiene conto del periodo successivo alla scadenza del termine e gli altri onorari sono ridotti di un terzo.*
Di **un terzo** (33,33%), non più di **un quarto** (25%) come era in precedenza.

OPERAZIONI PERITALI

Cass. Penale, III Sezione, 32254/2007
In tema di perizia, nel caso che all'atto del conferimento dell'incarico non venga indicata la data di inizio delle operazioni [*o questa debba essere differita, cfr. successive*] **il perito deve tempestivamente procedere alla relativa comunicazione al difensore anche se questi non abbia nominato un consulente tecnico di parte**; l'omissione di tale comunicazione determina la nullità a regime intermedio della perizia.

Cass. Penale, VI Sezione, 3523/2009
Oltre all'avviso del conferimento di un incarico peritale, il difensore ha diritto anche a presenziare, **sia nel giudizio di cognizione, sia nei procedimenti di esecuzione e sorveglianza,**

alle relative operazioni, purché - qualora queste si svolgano senza la presenza del Giudice - a quest'ultimo sia stata rivolta apposita ed espressa richiesta. **Ne consegue che l'esclusione del difensore che abbia chiesto di partecipare alle operazioni peritali è causa di nullità di ordine generale concernente la difesa dell'imputato, indipendentemente dalla presenza di consulenti di parte.**

Cass. Lavoro, 8347/2010
La nullità della C.T.U. derivante dalla mancata comunicazione alle parti della data d'inizio delle operazioni peritali, ha carattere relativo, e pertanto deve essere eccepita, a pena di decadenza, nella prima udienza, istanza o difesa successiva al deposito della relazione, del quale, ai sensi del II comma dell'art. 157 CPC, sia data comunicazione nelle forme di Legge al difensore della parte interessata.

Cass. I Sez. , 18598 /2008
In tema di C.T.U. ai sensi degli art. 194, II comma CPC e art. 90, I comma, disp. att. CPC, **alle parti va data comunicazione del giorno, ora e luogo di inizio delle operazioni peritali, mentre l'obbligo di comunicazione non riguarda le indagini successive, incombendo alle parti l'onere d'informarsi sul prosieguo di questo al fine di parteciparvi.** Tuttavia, qualora il consulente di ufficio rinvii le operazioni ad una data determinata, provvedendo a darne comunicazione alle parti e successivamente proceda ad un'ulteriore operazione peritale in data anticipata rispetto a quella fissata e ometta di darne avviso alle parti, l'inosservanza di tale obbligo può dar luogo a nullità della consulenza, sempre che abbia comportato, in relazione alle circostanze del caso concreto, un pregiudizio al diritto di difesa.

Cass. 9060/2003
**La C.T.U. non è mezzo istruttorio in senso proprio, avendo il
solo scopo di aiutare il Giudice a valutare elementi acquisiti
ovvero nella soluzione di questioni che necessitino di specifiche conoscenze, pertanto tale mezzo di indagine non può
essere utilizzato al fine di esonerare la parte dal fornire la
prova di quanto assume, ed è quindi legittimamente negata
qualora la parte tenda con la richiesta di accertamento tecnico a supplire alla deficienza delle proprie allegazioni o offer-
te di prova, ovvero a compiere una indagine esplorativa alla
ricerca di elementi, fatti o circostanze non provati.** La parte
che denuncia la mancata ammissione della C.T.U. ha l'onere di
precisare, sotto il profilo causale, come l'accertamento tecnico
avrebbe potuto influire sulla decisione successivamente impu-
gnata, mentre al limite costituito dal divieto di compiere indagini esplorative è consentito derogare solo quando l'accertamento di determinate situazioni di fatto possa effettuarsi soltanto con l'ausilio di speciali cognizioni tecniche; in tal caso il
C.T.U. può anche acquisire ogni elemento necessario a rispon-
dere ai quesiti, anche se non risultante da documenti non pro-
dotti dalle parti, purché si tratti di fatti accessori e riconducibi-
li all'ambito strettamente tecnico della consulenza, e non di fatti e situazioni posti a fondamento della domanda o di eccezioni delle parti, che devono invece essere provati dalle parti stesse.

Cass. I Sez. , 5762/2005
L'omesso avviso, alle parti, del giorno, ora e luogo d'inizio delle operazioni peritali determina la nullità relativa della consulenza, la quale resta sanata se non eccepita nella prima istanza
o difesa successiva al deposito della relazione, escludendo la

necessità della comunicazione qualora si tratti di d'attività svolta sulla base di accertamenti già compiuti nel contraddittorio tra le parti.

SCRITTURE COMPARATIVE

Cass. 1282/2003
Qualora venga proposta istanza di verificazione di una scrittura privata da parte di chi ha interesse ad utilizzare la scrittura privata disconosciuta in giudizio, la parte stessa dovrà produrre scritture di comparazione di cui sia certa la provenienza dal soggetto a cui detto documento si intende attribuire, e la verifica potrà essere effettuata direttamente dal Giudice di merito, senza necessità di ricorrere alla consulenza grafologica d'ufficio, che è rimessa alla sua discrezionalità.

REDAZIONE E CONTENUTO DELLA RELAZIONE

Cass. I Sez. , 1901/2010
In tema di C.T.U. rientrando nel potere del consulente d'ufficio attingere *aliunde* notizie e dati non rilevabili dagli atti processuali e concernenti fatti e situazioni formanti oggetto del suo accertamento, qualora sia necessario per espletare convenientemente il compito affidatogli, **tali indagini possono concorrere alla formazione del convincimento del Giudice solo quando ne siano indicate le fonti, in modo che le parti siano messe in grado di effettuarne il controllo.**

CONSULENZA TECNICA, LA PROCEDURA NOVELLATA

Secondo il nuovo *art. 191 CPC*, il Giudice *formula i quesiti nel corpo del provvedimento che dispone la Consulenza d'Ufficio e nomina il (i) Consulente (i)*. Il C.T.U. è quindi preventivamente informato dell'oggetto della Consulenza stessa (il *quesito*), ed è preliminarmente in grado di valutare se esistano condizioni per non accettare l'incarico (per le incompatibilità codicistiche, rigidamente elencate nell'*art. 51 cpc*, o per mera incompetenza tecnica) e può già predisporre alcuni degli atti immediatamente successivi alla comparizione ed al giuramento, primo fra tutti, nel caso di perizia grafica, l'eventuale rilascio di *saggio grafico* in udienza ante il Giudice (se questi lo pretende).

Ricordiamo, in margine, l'*art. 201 CPC (Consulente Tecnico di Parte)* : *Il giudice istruttore, con l'ordinanza di nomina del consulente, assegna alle parti un termine entro il quale possono nominare, con dichiarazione ricevuta dal cancelliere, un loro consulente tecnico. Il consulente della parte, oltre ad assistere a norma dell'articolo 194 alle operazioni del consulente del giudice, partecipa all'udienza e alla camera di consiglio ogni volta che vi interviene il consulente del giudice, per chiarire e svolgere, con l'autorizzazione del presidente, le sue osservazioni sui risultati delle indagini tecniche.* La nomina del C.T.P. deve essere, tassativamente, presentata in Cancelleria entro il termine stabilito dal Giudice (di solito, l'inizio delle operazioni peritali), e non al CTU in sede di apertura delle operazioni peritali, a pena di nullità della nomina stessa.

Le disposizioni dell'*art. 201 c.p.c.* si integrano con quelle dell'*art. 91* delle *Disposizioni di Attuazione, (Comunicazione a Consulenti di Parte)*: *Nella dichiarazione di cui all'articolo 201 primo comma del Codice deve essere indicato il domicilio o il recapito del consu-*

lente della parte. Il cancelliere deve dare comunicazione al consulente tecnico di parte, regolarmente nominato, delle indagini predisposte dal consulente d'ufficio, perché vi possa assistere a norma degli articoli 194 e 201 del Codice.

Secondo il novello *art. 195 CPC, il Giudice fissa il termine entro il quale le parti devono trasmettere al consulente le proprie osservazioni sulla relazione e il termine, anteriore alla successiva udienza, entro il quale il consulente deve depositare in cancelleria la relazione, le osservazioni delle parti e una sintetica valutazione sulle stesse. La relazione deve essere depositata in cancelleria nel termine che il giudice fissa.*

Il C.T.U. dovrà quindi, far conoscere alle parti (*in un prossimo futuro anche tramite Posta Elettronica Certificata*) la risposta motivata ai quesiti entro un primo termine, fissato dal Giudice.

Le parti, attraverso i CTP eventualmente nominate, entro un secondo termine, che rischia di essere estremamente breve, sempre fissato da Giudice, dovranno comunicare al CTU le proprie *osservazioni* e controdeduzioni.

Infine, il C.T.U. dovrà depositare in Cancelleria entro l'ultimo dei termini termini stabiliti, la relazione finale (già consegnata alle parti in precedenza), cui si aggiungono le osservazioni delle parti e le risposte a queste (qualora costituiscano novità rispetto alle osservazioni eventualmente depositate in istruttoria o in sede di operazioni peritali).

La **relazione** cui fa riferimento la norma è **la relazione finale**, con la risposta al quesito proposto dal Giudice.

Non la *bozza, relazione provvisoria, temporanea, in itinere* , la *proposta di relazione* ma **la relazione finale, che non potrà essere più modificata**, completa in ogni sua parte, risposta motivata al quesito compresa. Le *osservazioni delle parti*, e la *sintetica valutazione* delle stesse, sono atti successivi.

Non le «note al C.T.U.» pre-novella, ma *osservazioni* (leggi: *controdeduzioni, precisazioni, scritto in sostegno*, ecc.) alla relazione finale.

Le «note al C.T.U. » pre-novella sono comunque ancora possibili, giacché sono *le istanze che i CTP possono proporre* al C.T.U. previste degli artt. 194 e 201 CPC

FONDAMENTO SCIENTIFICO GENERALE

Cass. IV Sez., 1688/00, 2123/00, 2139/00

La ricerca della causa di un evento non deve avvenire con appello all'intuizione o all'immaginazione, ma in ossequio al principio di stretta legalità o di tassatività, facendo ricorso al modello generalizzante della sussunzione sotto leggi scientifiche, le uniche in grado di rendere solido l'accertamento del nesso, che proprio per questa garanzia di solidità sono denominate *leggi di copertura* [...] possono essere sia leggi *universali* che leggi *statistiche*; quest'ultime si limitano ad affermare che il verificarsi di un evento è accompagnato dal verificarsi di un altro evento soltanto in una certa percentuale di casi [...] una spiegazione statistica adeguata del singolo evento presuppone una legge statistica con un coefficiente percentualistico vicino a 100 e deve sfociare in un giudizio sul nesso di condizionamento di alta probabilità logica o di elevata credibilità razionale, dove alta ed elevata stanno a indicare un giudizio che si avvicina, al massimo, alla certezza

CONTESTAZIONI ALLA RELAZIONE
DISATTENDIMENTO, RINNOVO, CHIARIMENTI, NULLITÀ

Cass. Penale, I Sez. , 44847/2008

L'assunzione della perizia in incidente probatorio implica l'esposizione orale da parte del perito ed il conseguente esame dello stesso ad opera delle parti.

Cass. Lavoro, 2151/2004

In tema di C.T.U. il Giudice di merito non è tenuto, anche a fronte di una esplicita richiesta di una parte, a disporre una nuova consulenza d'ufficio, **poiché il rinnovo dell'indagine tecnica rientra tra i poteri istituzionali del Giudice di merito**, sicché non è neppure necessaria una espressa pronunzia sul punto.

Cass. , 71/2002

È nel potere discrezionale del Giudice disattendere le conclusioni della C.T.U. senza dover disporre ulteriore accertamento, purché il Giudice stesso abbia a disposizione elementi istruttori e cognizioni proprie, integrate da presunzioni e nozioni di comune esperienza sufficienti a dar conto della decisione adottata. Tale decisione può essere censurata in sede di legittimità solamente quando la soluzione scelta non risulti sufficientemente motivata.

Cass. Lavoro, 17324/2005

Nei giudizi in cui sia stata esperita C.T.U. [nella fattispecie di tipo medico-legale, ma il principio è di applicabilità generale] qualora Giudice del merito si basi sulle conclusioni dell'ausiliario giudiziario, affinché i lamentati errori e lacune della consulenza tecnica determinino un vizio di motivazione della sentenza denunciabile in Cassazione, **è necessario che i relativi vizi logico-formali si concretino in una palese devianza dalle nozioni della scienza o si sostanzino in affermazioni illogiche o scientificamente errate, con il relativo onere, a carico della parte interessata, di indicare le relative fonti**, senza potersi la stessa limitare a semplici considerazioni sulle ipotesi della controparte, che si tradurrebbero in una inammissibile critica al convincimento del Giudice di merito che si sia fondato, per l'appunto, sulla C.T.U.

Cass. III Sez. , 4655/2006
Chiarimenti, pagamento
Era già noto il disposto dell'art. 29 del DM 30 Maggio 2002 :
Tutti gli onorari, ove non diversamente stabilito nelle presenti tabelle, sono comprensivi della relazione sui risultati dell'incarico espletato, della partecipazione alle udienze e di ogni altra attività concernente i quesiti. La norma vale per tutti i percorsi di giudizio, civile, penale, lavoro.

Sostanzialmente, quello che vi vien pagato, comprende tutte le udienze, per tutti i gradi di giudizio alle quali sarete chiamati a comparire, tutti i chiarimenti, tutte le risposte.

La sentenza indicata **stabilisce che nella liquidazione del compenso al C.T.U. i chiarimenti non costituiscono un'attività ulteriore ed estranea rispetto a quella, già espletata e remunerata, che è l'oggetto della consulenza. Sono, infatti, una attività complementare, integrativa e necessaria, che il C.T.U. è tenuto a svolgere qualora gli venga richiesto** (il che normalmente accade quando la relazione depositata non viene ritenuta esaustiva), e quindi per detta attività, non spetta un compenso ulteriore rispetto a quello già percepito per la consulenza tecnica.

Nella lettera [...] *il mancato riconoscimento di un compenso separato per i chiarimenti non è dipeso né dall'entità del compenso liquidato per la consulenza espletata, né da una valutazione di non esaustività di tale consulenza, ma dall'avere il Tribunale correttamente considerato, come si desume dalla motivazione del provvedimento impugnato, che i chiarimenti non costituiscono un'attività ulteriore ed estranea rispetto a quella già espletata e remunerata, ma un'attività complementare, integrativa e necessaria, al cui compimento il C.T.U. è tenuto tutte le volte in cui ne faccia richiesta la parte interessata, il che normalmente accade quando la relazione depositata non possa dirsi esaustiva.*

È di converso evidente, che i supplementi di perizia/consulenza sono, invece, **attività ulteriore** alla consulenza/perizia depositata, e che quindi vanno regolarmente remunerati.

VALUTAZIONE DELLA RELAZIONE DA PARTE DEL MAGISTRATO

Cass. Penale, III Sez. , 8377/2008

In tema di istruzione dibattimentale, le dichiarazioni rese dai consulenti tecnici di parte, indipendentemente dallo svolgimento del proprio incarico in ambito peritale ovvero extraperitale, hanno il medesimo valore probatorio di quelle testimoniali, in quanto l'art. 501, I comma CPP riconosce sostanziale qualità di testimone ai consulenti tecnici ammessi su richiesta di parte.

Cass. I Sez. , 5277/2006

Rientra nel potere discrezionale del Giudice di merito accogliere o rigettare l'istanza di riconvocazione del C.T.U. per chiarimenti o per supplemento, senza che l'eventuale diniego possa essere censurato in sede di legittimità deducendo la carenza di motivazione espressa al riguardo, quando dal complesso delle ragioni svolte in sentenza, in base ad elementi di convincimento tratti dalle risultanze probatorie già acquisite e valutate con un giudizio immune da vizi logici e giuridici, risulti l'irrilevanza o la superfluità dell'indagine richiesta.

Cass. I Sezione, 9523/2007

Nel procedimento di verificazione della scrittura privata, il Giudice del merito, anche nel caso abbia già disposto una consulenza in merito alla autografia di una sottoscrizione disconosciuta, ha il potere-dovere di formare il proprio convincimento anche sulla base di ogni altro elemento di prova obiettivamente conferente, ivi comprese le risultanze della prova testimoniale, senza essere vincolato ad alcuna graduatoria fra le varie fonti di accertamento della verità.

Perizia/CTU come "prova"

Cass. III Sez. , 13401/2005

La C.T.U. che in genere ha la funzione di fornire al Giudice la valutazione dei fatti già probatoriamente acquisiti, può costituire fonte oggettiva di prova quando si risolva anche in uno strumento di accertamento di situazioni rilevabili solo con il concorso di determinate cognizioni tecniche. In tale ipotesi, l'onere della parte si riduce all'allegazione, spettando al Giudice decidere se ricorrono o meno le condizioni per ammettere la consulenza d'Ufficio. Ne consegue che viola la legge processuale il Giudice del merito che ne rifiuta l'ammissione senza verificare se in concreto la prova dei fatti poteva essere acquisita esclusivamente con l'impiego di particolari cognizioni tecniche ed, in caso affermativo, se la parte gravata dell'onere di provarli, ne avesse allegato l'esistenza.

"FARSI PAGARE" - CON QUALCHE NOTA FISCAL-TRIBUTARIA

Cass. II Sez. , 3024/2011
Con riferimento agli artt. 91 e 92 CPC, ed all'art. 170 del DPR 30-5-2001, in base alla disciplina recata dall'art. 56 del d.P.R. 30 maggio 2002, n. 115, **ai fini del rimborso delle spese sostenute dal consulente tecnico d'ufficio per l'espletamento dell'incarico - diversamente da quelle di viaggio, cui si riferisce l'art. 55 del medesimo DPR - è necessario che questi alleghi una nota specifica relativa a dette spese e ne fornisca documentazione.**

Cass. II Sez. , 28094/2009
In tema di C.T.U. il compenso dovuto al consulente è posto solidalmente a carico di tutte le parti, atteso che l'attività posta in essere dal professionista è finalizzata alla realizzazione del superiore interesse della Giustizia, che invece non rileva nei rapporti interni tra le parti, nei quali la ripartizione delle spese è regolata dal diverso principio della soccombenza.

Cass. I Sez. , 6199/96
In considerazione del fatto che la prestazione del C.T.U. è effettuata in funzione dell'interesse comune delle parti del giudizio in cui è espletata, l'obbligo nei confronti del consulente per il soddisfacimento del suo credito per il compenso deve gravare su tutte le parti in giudizio in solido tra loro, prescindendo dalla soccombenza.

In tema di **pagamento dei chiarimenti**, vedi la precedente Cass. 4655/2006

Cass. , 2605/2006

In tema di condanna alle spese processuali e con riferimento agli esborsi sostenuti dalle parti per consulenze, mentre la mancata indicazione in sentenza del compenso spettante al C.T.U. costituisce un mero errore materiale per omissione, correggibile dal Giudice d'appello con riferimento all'importo della liquidazione effettuata in favore del consulente, non è possibile disporre la condanna del soccombente al pagamento delle spese relative ad una consulenza di parte, in assenza della prova dell'esborso sopportato dalla parte vittoriosa.

Ovvero, senza la fattura quietanzata del CTP, non è possibile richiederne il rimborso per soccombenza.

Cass. II Sez. , 7528/2006

Nel giudizio di opposizione al decreto di liquidazione del compenso al C.T.U. ex art. 11 L.319/1980 sono contraddittori necessari l'ausiliare del Giudice ed i soggetti a carico dei quali le spese relative alla CT espletata nel giudizio di merito potrebbero avere riflessi patrimoniali, per cui il decreto presidenziale di comparizione degli interessati dinanzi al Collegio in camera di consiglio deve essere notificato dal ricorrente non soltanto al C.T.U. ma anche alla controparte. Pertanto qualora si sia verificata violazione delle norme sul litisconsorzio necessario non rilevata dal Giudice, che non ha disposto l'integrazione del contraddittorio, risulta viziato l'intero procedimento, sicché il Giudice di legittimità deve disporre l'annullamento, anche d'ufficio, della pronuncia emessa, con rinvio della causa al titolare della competenza funzionale in materia.

DL 231/2002, art. 4

Se il cliente è titolare di partita IVA (ed è in causa come tale: banca, professionista, piccola azienda) vale il Decreto Legislativo n. 231/2002, art. 4 : *"Gli interessi decorrono, automaticamente, dal giorno successivo alla scadenza del termine per il pagamento"*. In sintesi, le fatture in questo caso si pagano entro trenta giorni dal ricevimento; gli interessi decorrono dalla data successiva al trentesimo giorno, senza necessità di costituzione in mora del debitore; sono calcolati sulla base del tasso BCE maggiorato di sette punti; si può avviare la riscossione coattiva (decreto e precetto) senza altro adempimento, dopo i trenta giorni di cui sopra.

Tale norma vale, per inciso, per tutte le fatture emesse verso aziende o professionisti, indipendentemente dalla finalità di Giustizia, si tratti di fondo spese o saldo della parcella, di consulenza d'ufficio o di parte. Il DL 231 vale, ripeto ancora, per qualsiasi tipo di fattura emesso verso titolare di partita IVA; non solo per la liquidazione di una parcella d'ufficio, ma anche (e soprattutto) quando avete operato come consulente di parte. È buona politica ricordare in calce alla fattura che questa rientra nell'ambito di applicazione della norma (quando il destinatario è titolare di partita IVA - a proposito lo sono anche i contribuenti minimi).

CONSULENZA INFEDELE O FALSA

Cass. Penale, II Sez. , 3670/2009

Nell'accertamento del reato di infedele patrocinio il Giudice non deve limitarsi alla valutazione di singoli atti, avulsi dal contesto nel quale sono inseriti, ma deve collocare l'attività professionale svolta nel quadro della linea difensiva e della strategia di conduzione del processo adottata per il conseguimento del risultato voluto dalla parte, al fine di valutare se il patrocinatore si sia reso volontariamente infedele all'obbligo di curare gli interessi della parte secondo il mandato ricevuto e secondo quanto le regole professionali e processuali prescrivono per l'adempimento di tale obbligo.

Cass. Penale, VI Sez. , 31678/2008

Il delitto di patrocinio o consulenza infedele non è integrato dalla sola infedeltà ai doveri professionali, occorrendo che si verifichi un danno agli interessi della parte che, quale conseguenza della violazione dei doveri professionali, rappresenta l'evento del reato.

Cass. Penale, VI Sez. , 17631/2008

Non è legittimato a proporre opposizione alla richiesta di archiviazione il privato che si ritenga oggetto del reato di falsa perizia di cui all'art. 373 CP, trattandosi di una fattispecie incriminatrice lesiva dell'interesse della collettività al corretto funzionamento dell'attività giudiziaria, relativamente al quale l'interesse del privato assume un rilievo solo riflesso e mediato, tale da non consentire l'attribuzione della qualità di persona offesa, ma solo quella di persona danneggiata dal reato.

Cass. Penale, VI Sez. , 14101/2007

Il reato di falsa perizia previsto dall'art. 373 CP è ipotizzabile anche nei confronti del consulente tecnico d'ufficio nominato nel corso di un procedimento civile.

UTILIZZO DI ELABORATI O DEI DATI IN ALTRI PROCEDIMENTI

Cass. III Sez. , 15714/2010
Il Giudice civile può utilizzare quale fonte del proprio convincimento anche gli elementi probatori raccolti in un giudizio penale, ed in particolare le risultanze della relazione di una consulenza tecnica esperita nell'ambito delle indagini preliminari, soprattutto quando la relazione abbia ad oggetto una situazione di fatto rilevante in entrambi i giudizi.

Cass. Penale, VI Sez. , 43207/2010
La consulenza tecnica d'ufficio, disposta in un giudizio civile non ancora definito con sentenza passata in giudicato, può essere acquisita nel processo penale ai sensi dell'art. 234 CPP, che regola l'assunzione della prova documentale; la predetta consulenza, infatti, secondo la normativa processuale civilistica dell'istruzione probatoria, non appartiene alla categoria dei mezzi di prova, avendo essa la finalità di aiutare il Giudice nella valutazione degli elementi acquisiti o nella soluzione di questioni che comportino specifiche conoscenze tecniche: **la sua acquisizione nel giudizio penale, pertanto, non avviene secondo la disciplina dell'art. 238 CPP** - che si riferisce ai verbali delle prove assunte nel giudizio civile - bensì secondo le regole poste per l'assunzione della prova documentale, dovendo essere considerata quale documento per essere stata formata fuori del procedimento penale ed essendo rappresentativa di situazioni e di cose.

Cass. Lavoro, 28855/2008
Il Giudice di merito può legittimamente tenere conto, ai fini della sua decisione, delle risultanze di una consulenza tecnica acquisita in un diverso processo, anche di natura penale ed anche se celebrato tra altre parti, atteso che, se la relativa documentazione viene ritualmente acquisita al processo civile, le parti di quest'ultimo possono farne oggetto di valutazione critica e stimolare la valutazione giudiziale su di essa.

Cass. 16069/2001
Il Giudice di merito, in mancanza di qualsiasi divieto di legge, oltre che utilizzare prove raccolte in diverso giudizio fra le stesse o altre parti, può anche avvalersi delle risultanze derivanti da atti di indagini preliminari svolte in sede penale, le quali però debbono considerarsi quali semplici indizi idonei a fornire utili e concorrenti elementi di giudizio, la cui concreta efficacia sintomatica dei singoli fatti noti deve essere valutata; in conformità con la regola dettata in tema di prova per presunzioni che, se sorretto da adeguata e corretta motivazione logico-giuridica, non è sindacabile in sede di legittimità. Ne consegue che anche una consulenza tecnica disposta dal P.M. in un procedimento penale, se ritualmente prodotta dalla parte interessata, può essere liberamente valutata come elemento indiziario idoneo alla dimostrazione di un fatto determinato,tenendo però conto del fatto che l'atto si è formato in assenza del contraddittorio tra le parti e che esso non risulta ancora sottoposto al vaglio del Giudice del dibattimento; inoltre, trasposta la vicenda processuale in grado di appello, il Giudice ha l'obbligo di fondare il proprio giudizio su tutte le eventuali, risultanze probatorie successive, senza limitarsi ad una mera riva-

lutazione della sola consulenza eventualmente posta a fondamento della decisione di primo grado.

MEDIAZIONE OBBLIGATORIA NEL CONTENZIOSO CIVILE E COMMERCIALE

Da **Lunedì 21 Marzo 2011** è entrata in vigore la **mediazione obbligatoria nel contenzioso civile e commerciale**, creata dall'art. 60 della Legge 28 Giugno 2009, numero 69, attuata dal Decreto Legislativo n. 28 del 4 Marzo 2010.

La mediazione è atto preventivamente obbligatorio prima di adire un Giudice per una lunga e vaporosa serie di materie, dal Condominio al contenzioso sul Risarcimento Danni, senza un limite superiore di importo di causa.

Il fatto che non venga fissato un limite superiore nell'importo di causa sta a significare che la *mediazione obbligatoria* non è diretta solo alle *cause bagatellari*, che sarebbero in linea di principio quelle che ingolfano i Tribunali.

Il servizio di mediazione preventiva e obbligatoria viene fornito da entità sostanzialmente private, secondo modalità di ammissione quanto mai lasche: non è una impressione, infatti, che l'operazione somigli ad un tentativo di privatizzazione della Giustizia. E dalle prime ore di vigenza della norma, sono state dirette alla Corte Costituzionale le prime eccezioni, equamente divise tra la obbligatorietà della mediazione quale presupposto per adire al Tribunale e le regole di formazione delle entità mediatrici.

Altro aspetto che appare critico è la obbligatorietà della mediazione preventiva. La risoluzione alternativa delle controversie dovrebbe sottostare ai principi di **volontarietà, riservatezza** e **neutralità**, che qui non sono proprio rispettati.

La norma è ambiguamente *snella*, lasciando troppe cose alla discrezione del singolo organismo di mediazione.

Consideriamo brevemente il punto che ci interessa, la **consulenza tecnica**. Almeno teoricamente, la procedura non dovrebbe discostarsi troppo da quella già nota nel caso di arbitrato civile, anche se con i *caveat* già accennati.

L'articolo che ci interessa è il numero 8 del citato Decreto Legislativo n. 28 del 4 Marzo 2010.

Al primo comma, si osserva che *nelle controversie che richiedono specifiche competenze tecniche, l'organismo può nominare uno o più mediatori ausiliari.*

Nel caso (quarto comma dell'art.8) che non si possa procedere con al nomina di mediatori ausiliari, *il mediatore può avvalersi di esperti iscritti negli albi dei consulenti preso i tribunali.*

Consulenti, recita la norma, quindi gli iscritti agli elenchi del Tribunale Civile, e sembrerebbero così esclusi gli iscritti agli elenchi del Penale, se il Decreto assume la nomenclatura dei Codici. E se la specifica competenza non la si ritrova in detti elenchi? Non sembra prevista la facoltà del mediatore a ricorrere ai docenti universitari o a laboratori statali (non solo RIS, ma anche le Belle Arti, le Agenzie per la tutela del territorio, eccetera), se l'importanza del caso lo richiede.

L'ultima frase del quarto comma, riferita agli onorari, rinvia ai singoli *regolamenti di procedura dell'organismo*. Ci piacerebbe credere che non verremo liquidati secondo le tabelle della Legge 319.

PARTE SPECIALE RELATIVA ALL'ESAME DEI DOCUMENTI E DELLE SCRITTURE

Cass. I Sez. , 9523/2007

Nel procedimento di verificazione di una scrittura privata, il Giudice del merito, anche qualora abbia disposto una consulenza sull'autografia di una sottoscrizione disconosciuta, ha il potere-dovere di formare il proprio libero convincimento sulla base di ogni altro elemento di prova obiettivamente attinente, ivi comprese le risultanze della eventuale prova testimoniale, senza in questo essere vincolato ad alcuna graduatoria fra le varie fonti di accertamento della verità.

Cass. 1282/2003

Qualora venga proposta istanza di verificazione di una scrittura privata dalla parte che ha interesse ad utilizzare la scrittura privata disconosciuta in giudizio, quest'ultima dovrà produrre scritture di comparazione di cui sia certa la provenienza dal soggetto a cui detto documento si intende attribuire, e la verifica potrà essere effettuata direttamente dal Giudice di merito, senza necessità di ricorrere alla consulenza grafologica d'ufficio, che è atto comunque rimessa alla sua discrezionalità.

Cass. Lavoro, 1149/2011

La C.T.U. che in generale non è mezzo di prova bensì strumento di valutazione dei fatti già probatoriamente acquisiti, può costituire fonte oggettiva di prova quando si risolva nell'accertamento di situazioni rilevabili solo con l'ausilio di specifiche cognizioni o strumentazioni tecniche, come avviene con la consulenza grafica, che è il principale strumento di accertamento dell'autenticità della sottoscrizione. Ne consegue che il Giudice può aderire alle conclusioni della consulenza grafica senza essere tenuto a motivare l'adesione, salvo che tali conclusioni non formino oggetto di specifiche censure alla consulenza stessa.

FOTORIPRODUZIONI

Cass. II Sez. , 1903/2009

Nel giudizio promosso per la declaratoria di nullità di un testamento olografo, per non autenticità della sottoscrizione, l'esame grafologico deve necessariamente compiersi sull'originale del documento, poiché soltanto in questo possono rinvenirsi quegli elementi la cui peculiarità consente di risalire, con elevato grado di probabilità, al reale autore della sottoscrizione.

Cass. 14155/2001

Gli estratti conto, dichiarati conformi alle scritture contabili, della banca dal dirigente della stessa (a norma dell'art. 50 del D.Lgs. 385/1993), hanno efficacia probatoria propria che deriva loro dal disposto di tale norma, il che rende inconfigurabile, ove realizzati con la tecnica delle fotocopie, il riferimento alla disciplina di cui all'art. 2719 CC.

Cass. II Sez. , 918/2010

In materia testamentaria, ove si produca in giudizio una fotocopia di un frammento dell'originale della scheda, strappato in una sua parte in modo tale che non sia possibile ricostruirne l'esatto contenuto, deve ritenersi ammissibile la prova per testimoni finalizzata, da un lato, a dimostrare - ai sensi dell'art. 684 CC - che da una parte la distruzione o cancellazione parziale del testamento non costituisca espressione di una effettiva volontà di revoca e, dall'altra, che il mancato reperimento dell'originale della scheda non è addebitabile - ai fini di cui agli artt. 2724, 2725 CC - a responsabilità dell'istituito.

Cass. I Sez. , 14980/2006

Ai fini dell'emanazione del decreto ingiuntivo, per prova scritta deve intendersi qualsiasi documento che, sebbene privo di efficacia probatoria assoluta, risulti attendibile in ordine all'esistenza del diritto di credito azionato; conseguentemente, ove il credito si fondi su una cambiale, è sufficiente, per far presumere la sussistenza di un rapporto obbligatorio e consentire l'emissione del decreto, la produzione di detta cambiale in fotocopia.

Cass. II Sez. , 28096/2009

In tema di prova documentale, l'onere di disconoscere la conformità tra l'originale di una scrittura e la copia fotostatica della stessa prodotta in giudizio, pur non implicando l'uso di formule sacramentali, va assolto mediante una dichiarazione di chiaro e specifico contenuto che consenta di desumere da essa in modo inequivocabile le ragioni della negazione della genuinità della copia, senza che possano considerarsi sufficienti, ai fini del ridimensionamento dell'efficacia probatoria, contestazioni generiche o onnicomprensive, o di mero stile.

TESTAMENTI

Cass. II Sez. , 1789/2007
Alla parte nei cui confronti venga prodotta una scrittura privata deve ritenersi consentita - oltre alla facoltà di disconoscerla, facendo così carico a controparte di richiederne la verificazione addossandosi a sua volta il relativo onere probatorio - anche la possibilità alternativa di proporre, senza con ciò riconoscere né espressamente né tacitamente la scrittura medesima, querela di falso al fine di contestare la genuinità del documento stesso, atteso che in difetto di limitazioni di legge non può negarsi a detta parte di optare per uno strumento per lei più gravoso ma rivolto al conseguimento di un risultato più ampio e definitivo, la completa rimozione del valore del documento con effetti *erga onnes* e non nei soli riguardi della controparte. Poiché detto principio è applicabile anche in caso di testamento olografo, chi è stato istituito erede con un precedente testamento è legittimato, a norma dell'art. 214 CPC a disconoscere un successivo testamento contro di lui prodotto e con il quale è stato istituito altro erede.
vedi anche : **Cass. II Sez. , 1903/2009**

CAPACITÀ DI INTENDERE E DI VOLERE

Cass. II Sez. , 6978/2011
Deve essere esclusa la nullità del testamento pubblico, per incapacità naturale del testatore, quando quest'ultimo, soggetto anziano e malato, non sottoscrive il documento a causa delle precarie condizioni fisiche: la circostanza, infatti, non è indice di incapacità mentale o di una volontà di invalidare l'atto,

quando confermata dalla presenza del notaio rogante e dei testimoni.

Cass. II Sez. , 230/2011
Ai fini dell'accertamento sulla sussistenza o meno della capacità di intendere e di volere del testatore al momento della redazione della scheda, il Giudice del merito non può ignorare il contenuto del testamento medesimo e gli altri elementi di valutazione da esso desumibili, in relazione alla serietà, normalità e coerenza delle disposizioni in esso contenute, nonché ai sentimenti ed ai fini che risultano averle ispirate.

DISSIMULAZIONE

Qualora l'indagato (o l'imputato) decida di rilasciare *saggio grafico*, ma nell'esecuzione di questo alteri volontariamente le caratteristiche della propria scrittura, realizzando una *dissimulazione* in senso lato, al soggetto di indagine non è imputabile o meno la *falsa testimonianza* di cui al 372 CP, derivati e collegati, perché l'imputato/indagato non è *testimone*, e può scegliere di difendersi anche fornendo informazioni non corrispondenti al vero, anche se, di converso, il fatto è rilevante ai fini dell'ammissione della colpa e della collaboratività o meno dell'individuo.
Nel caso, invece, di un soggetto che riassume in sé la caratteristica di *testimone* una *dissimulazione* (intesa come atto dimostratamente intenzionale di alterazione della propria scrittura) costituisce un rifiuto o una incompleta risposta alla richiesta del Giudice o del Magistrato a fornire un apporto conoscitivo al processo.

BIANCOSEGNO

Cass. III Sez. , 4918/2011

La sottoscrizione di un documento individuabile come scrittura privata vale *ex se* , ai sensi dell'articolo 2702 CC, ad ingenerare una presunzione di consenso del sottoscrittore al contenuto dell'atto e di assunzione della paternità dello scritto, indipendentemente dal fatto che la dichiarazione non sia stata vergata o redatta dal sottoscrittore. Ne consegue che se la parte contro la quale la scrittura sia stata prodotta ne riconosce la sottoscrizione – o quest'ultima debba aversi per riconosciuta – la scrittura fa piena prova della provenienza delle dichiarazioni da chi l'ha sottoscritta. Occorre pertanto che il sottoscrittore assuma con querela di falso che la sottoscrizione era stata apposta su foglio firmato in bianco ed abusivamente riempito in un momento successivo con dichiarazioni non provenienti dal sottoscrittore stesso. In quest'ultimo caso tocca al sottoscrittore l'onere di provare che la firma sia stata apposta su foglio non ancora riempito ovvero che il riempimento sia avvenuto *absque pactis*.

ACCESSO AD ATTI E DOCUMENTI

L'ordine/autorizzazione del Giudice ad accedere, esaminare, estrarre copia non è un provvedimento cui il depositario del documento può opporsi, a meno che l'operazione non implichi esami alterativi o distruttivi, o la necessità di particolari cautele, ad esempio nell'esame di documenti antichi o di elevata importanza storica (che va comunque documentata).

PRIVACY - SEGRETO D'INDAGINE E SEGRETO PROFESSIONALE

Cass. Lavoro, 15327/2009
In tema di trattamento dei dati personali, la legge 21 dicembre 1996, n. 675 non si applica in via generalizzata ad ogni situazione riconducibile ai diritti della persona, ma soltanto a quelle attinenti al fenomeno da essa normativamente circoscritto, precludendo l'accesso soltanto ai documenti relativi ai dati sensibili della persona come definiti dalla Legge stessa, dovendosi ritenere che l'interesse alla riservatezza dei dati personali receda qualora il relativo trattamento sia esercitato per la difesa di un interesse giuridicamente rilevante e nei limiti in cui sia necessario per la sua tutela. Ne consegue che, ove vi sia stata una divulgazione di dati personali, non si realizza necessariamente una violazione della citata legge, dovendosi comunque effettuare una valutazione, affidata al giudice di merito, tra la rilevanza degli interessi contrapposti coinvolti.

SCRITTURE COMPARATIVE

Cass. 1282/2003
Qualora venga proposta istanza di verificazione di una scrittura privata dalla parte che ha interesse ad utilizzare la scrittura privata disconosciuta in giudizio, quest'ultima dovrà produrre scritture di comparazione di cui sia certa la provenienza dal soggetto a cui detto documento si intende attribuire, e la verifica potrà essere effettuata direttamente dal Giudice di merito, senza necessità di ricorrere alla consulenza grafologica d'ufficio, che è atto comunque rimessa alla sua discrezionalità.

Cass. III Sez. , 12695/2008

Qualora sia proposta istanza di verificazione di una scrittura privata il Giudice non è tenuto a disporre obbligatoriamente una consulenza tecnica grafologica per accertare l'autenticità della scrittura, qualora possa desumere la veridicità del documento attraverso la comparazione di esso con altre scritture incontestabilmente provenienti dalla medesima parte e ritualmente acquisite al processo, mentre resta escluso che la questione in esame possa essere risolta attraverso il ricorso ad elementi estranei al procedimento di verificazione, quali ad esempio la condotta delle parti.

Cass. 3009/2002

Nel procedimento di verificazione di una scrittura privata, la nullità della consulenza tecnica d'ufficio, derivante dal fatto che il consulente si sia avvalso di scritture di comparazione non preventivamente indicate dal Giudice (in mancanza di accordo delle parti) a norma dell'art. 217, II comma CPC, resta sanata ai sensi dell'art. 157 CPC se non dedotta dalla parte interessata nella prima istanza o difesa successiva al deposito della C.T.U. stessa.

SAGGIO GRAFICO

Il *saggio grafico* (in ambito penale) costituisce un *apporto conoscitivo* sostanziale al procedimento, ed è quindi sottoposto al regime di garanzia assoluta al diritto di difesa.

Non solo deve essere rilasciato in contraddittorio, avvalendosi della assistenza legale di un avvocato e tecnica di un consulente di parte, ma deve essere rilasciato facendo preliminarmente presente che l'indagato (o imputato) può avvalersi della *facoltà di non scrivere*.

Nel verbale di rilascio va sempre indicato (anche nel giudizio civile, tra l'altro) che chi rilascia il saggio è disposto (o meno) a farlo, e che si avvale (o rinuncia) all'assistenza legale e/o tecnica.

L'art 219 CPC (Redazione di Scritture di Comparazione), recita inoltre: *Il giudice istruttore può ordinare alla parte di scrivere sotto dettatura, anche alla presenza del consulente tecnico. Se la parte invitata a comparire personalmente non si presenta o rifiuta di scrivere, la scrittura può ritenersi riconosciuta.*

Si noti che è **il Giudice** colui al quale si rilascia scrittura di comparazione, **non** il CT. Il C.T.U. può subentrare su delega del Giudice stesso, indicata o implicita nel quesito proposto.

La norma dell'art. 219 CPC, appare però poco applicata; nella quasi totalità dei casi, la C.T.U. procede anche senza il saggio dell'interessato, purché (e qui sta una delle chiavi interpretative) vi siano altre scritture (di provenienza certa) comparative.

Il Giudice, nella maggior parte dei casi, preferisce avvalersi comunque dell'apporto conoscitivo della Consulenza Tecnica, e consente che questa venga comunque svolta - sempre che vi siano altre scritture comparative utili, si ripete.

Normale diligenza

Cass. III Sez. , 20292/11

Se la falsificazione di una firma sull'assegno non è rilevabile attraverso l'esame visivo del titolo, la banca non è responsabile e pertanto non deve risarcire il cliente per il danno subito; il bancario, inoltre, non è tenuto a disporre di particolari attrezzature per rilevare la truffa.

Confermando un orientamento stabilizzato la Corte ha stabilito che *"la banca può essere tenuta responsabile del pagamento di un assegno falsificato non a fronte della mera alterazione del titolo, ma solo nei casi in cui una tale alterazione sia rilevabile "ictu oculi", in base alle conoscenze del bancario medio, il quale non è tenuto a disporre di particolari attrezzature strumentali o chimiche per rilevare la falsificazione, né è tenuto a mostrare le qualità di un esperto grafologo".*

Si deve però osservare che la **normale diligenza** dell'istituto di credito, nell'attuazione dei suoi compiti di mandatario, **deve essere valutata non in base al parametro dell'osservatore medio, ma secondo il maggior grado di attenzione e prudenza richiesto dalla professionalità del servizio espletato** (Cass. I Sez. , 4642/1989).

Al bancario è chiaramente imposto un grado di diligenza superiore rispetto a quello della persona ordinaria, grado di diligenza superiore che è quello definito dall'articolo 1176, II comma del Codice Civile, per il quale *nell'adempimento delle obbligazioni inerenti l'esercizio di un'atti-*

vità professionale, la diligenza deve valutarsi secondo la natura dell'attività esercitata.

La normale diligenza impone impone pertanto la conoscenza degli accorgimenti antifrode implementati al di sopra dei titoli trattabili allo sportello, e degli elementari concetti relativi alla contraffazione dei titoli e delle scritture. Questo è certamente parte della formazione professionale richiesta all'impiegato, appunto in funzione della citata *natura dell'attività esercitata.*

–

www.ingramcontent.com/pod-product-compliance
Lightning Source LLC
Chambersburg PA
CBHW071544170526
45166CB00004B/1545